@CULTURA & ARTE
ONLINE
@ Ju_godz

Sumário

Dedicatória Especial do E-Book

Agradeço à Deus que colocou este Livro como objetivo de trabalho. Agradeço também a minha Família que me apoia em todas as questões relativas de estudo ou negócios – Aqui gostaria de ressalvar em especial minha mãe Ana Amélia. Agradeço aos meus amigos e amigas que estão sempre ao meu lado.

Para todos os leitores meu sincero muito obrigada! Aproveite a leitura!

Juliana Godoy
@ju_godz

1) Introdução (breve)

Foto: Blog Cultura & Arte Online

Este **Livro/Ebook** fala sobre **Arte & Cultura** relativo na Produção & Edição da autora literária Juliana Godoy. Para a realização do **Livro**, que seja necessário nomear as questões relativas do BLOG – Poemas, HQs, Músicas ou Letras e Citações, Imagens, Fotos, Textos Reflexivos, Memórias.

Na busca pelo título **"Cultura & Arte Online"** ou outro fator, tais como, o financiamento (crowdfounding) o livro/livreto conta com mais de 360 posts reduzidos em 100/50 páginas. Design de imagens diversas e HQs. O Projeto, de início, começou com a campanha no site **Catarse.me** com o nome "Ajude o Blog a ser

Livro". Logo depois de realizado o texto, foi procurado alguma Editora Independente de Publicação. Dessa maneira, o Livro encontrou significante e significado sendo distribuído diversamente por variados leitores!

O Blog/E-Book busca elucidar questões da Cultura e da Arte – Música, Dança, Teatro, Festivais e Eventos, TV, Cinema, Poesia & Literatura – de forma que contribua para o público, mostrando e relatando aspectos importantes para a sabedoria do Internauta.

2)Capítulo 01 - As Novas Formas de Cultura no Meio   Sócio-Colaborativo

Foto: Google Images

Segundo Miranda (1980, p.58), "sentimentos contrastantes (...), imagens abstratas, elementos da natureza, uma pintura, uma poesia, uma escultura, um sonho ou até um fato do cotidiano podem ser usados isoladamente ou em combinação como ponto de partida para uma estrutura coreográfica".

A coreografia, como forma e estrutura da dança, possui uma linguagem própria ligada ao grupo de dançarinos e o instrutor que criará a coreografia. Os movimentos expressivos da dança devem estar relacionados a algum tema específico. Por isso, a relação com fatos do cotidiano, poesia, sonhos e diversas demonstrações de   arte.

A linguagem própria entre os dançarinos é consequência de um processo que tem início desde a escolha da música-tema da coreografia, até à construção dos passos. Segundo Nanni (2002, p.171), "ligar a frase rítmica-temporal até à frase do movimento; criar ritmos vocais e ligá-los ao movimento; usar palavras emotivas e líricas, ligá-las em sequência de movimentos, relacionando duração, andamento; relacionar a coreografia corporal e o ritmo temporal; descobrir o ritmo-temporal das linhas e segmentos do corpo em combinação com os movimentos" apresentam alguns dos propósitos da realização da dança.

Os movimentos podem variar entre habilidades básicas como: locomover-se em direções diferentes, incluindo os giros corporais no seu próprio eixo ou em torno de algum objeto. Existem alguns movimentos que são universais, segundo Caminada (1999, p.3) "o movimento que pode ser leve ou forte, numa expressão motora em que alcança grande intensidade; como a posição de uma dança."

Geralmente, as músicas são compostas por estruturas oitavadas, ou seja, que permitem uma sequência organizada dos movimentos. O ritmo musical deve ser cuidadosamente selecionado pelo professor, pois a música proporciona o encontro entre ação e imaginação, fazendo com que a dançarina mova as partes do corpo de forma rítmica e harmoniosa.

Os movimentos devem ser realizados nas frases musicais de acordo com a criatividade do professor e o grau de absorção dos alunos, sempre respeitando suas limitações físicas de força e agilidade. Como diz Nanni (2002, p.180) "**a dança, hoje, retrata principalmente as ideias, necessidades e interesses da nossa época, aliadas à forte necessidade do ser humano de extrapolar a sua essência ou transcender a sua existência em evasões positivas e significativas nas circunstâncias de sua vida real**".

A dança permite desenvolver valores físicos através dos movimentos corporais motores e psicomotores e quando há movimentos de coordenação entre o corpo, em geral (...). Também possui valores morais e socioculturais trazidos pelas danças clássicas, onde a disciplina na realização das técnicas é fundamental. Traz, também, valores mentais através da concentração e do pensamento na fixação das sequencias coreográficas. O corpo pode realizar movimentos mesmo havendo algumas limitações físicas, onde, nesse caso, seus benefícios também são terapêuticos.

Dançar pode ser um excelente método capaz de auxiliar na formação pedagógica e capaz de desenvolver em seus praticantes uma consciência corporal enquanto sujeito transformador do tempo e do espaço.

Referência Bibliográfica: Artigo - "A Dança na Aprendizagem" – Instituto Catarinense de Pós-Graduação – C. Regina Cavasin. – Blog "Cultura & Arte Online" @ju_godz – "As Novas Formas de Cultura no Meio Sócio-Colaborativo".

Foto:GoogleImages

Alessandra Ferri e Sting fazem a parceria em um vídeo em que ele faz uma transposição para violão da música Prelúdio de Bach's Cello Suite No 1 in G major, e ela realiza o solo coreografada por Heinz Spoerli, dirigida pelo marido Fabrizio Ferri.

Ferri é bailarina, nasceu em Milão na Itália. Estudou no Teatro Alla Scala, Milão, até a idade de 15 anos, e depois foi para a Royal Ballet School. Ela ganhou um dos três prêmios de Lausanne (Prix de Lausanne), o que permitiu que ela continuasse com uma bolsa no Royal Ballet School.

Ela dançou com o Royal School, e no American Ballet Theatre. Também no La Scala Theatre Ballet até se aposentar - em agosto de 2007.

Foi nominada para o "Laurence Olivier Award" por "Primeira Realização Exepcional" do ano do "Ballet Outstanding First Achievement of the Year in Ballet". Ela ganhou o prêmio "Laurence Olivier Award" por desempenho individual destaque do ano coreografada por "New Dance Production". Logo depois, ela foi promovida para ser a principal dançarina "Principal Dancer" do Royal Ballet.

Ferri deixou o Royal Ballet pelo convite de Mikhail Baryshnikov para ser a principal dançarina no "American Ballet Theatre". Em seguida, ela fez um par com Roberto Bolle - a performance de **Romeo e Julieta**.

No ano de 1992, a bailarina se tornou a "Guest Star do American Ballet Theatre", e começou uma colaboração com o "La Scala Theatre Ballet", ficando conhecida como "Prima Ballerina Assoluta da companhia".

A dança - em parceria com o Cantor/Compositor Sting, pode ser vista numa campanha de Marketing – "KeeT Arts" - coreografada por "Heinz Spoerli". Entre o movimento e o cenário do pequeno vídeo coreografado e cantado. A dança demonstra, desta maneira as **Novas Formas de Cultura no Meio Sócio-Colaborativo**; através da Música e a junção da Dança.

As **Novas formas de Cultura no novo Meio Sócio-Colaborativo** podem ser exemplificadas através da regravação de uma Música e resolução desta, através da Criatividade em coreografia - do movimento, como linguagem própria de um processo de resistência colaborativa.

3) Capítulo 02 – Poesias e Releituras

Foto: Publicação do Livro

Poesia "Julius Memories"

Julius aquele hombre muy querido
que saudades que aquele hermosíssimo deixou

deixou até a marca registrada
sua assinatura, um Jotinha seguido de uma seta
na rua da QI 11 conjunto 05 do Lago Norte

que maravilha, que saudades;
Mas, ele ainda permanece nos nossos corações
e na nossa querida memória…

J40, Julião, J44, Recumbetz Bike,
Bicicleta Reclinada adaptada para o corpo
ele deixou sua marca registrada
e toda a forma de amor presente em nós.

Poema 01 Capítulo 02 – Poesias & Releituras

Cidadania é o direito de poder viver decentemente. É o direito de ter uma **ideia** e poder expressá-la. É poder votar em quem quiser sem constrangimento. É o direito de ser a pessoa que o cidadão quiser sem ser discriminado, sem preconceitos; é o direito de praticar uma religião sem ser perseguido.

Nos países ocidentais, a cidadania moderna se constitui de três tipos de direitos:

1. Civil: direitos inerentes à **liberdade individual, liberdade de expressão e de pensamento**; direito de propriedade e de conclusão de contratos; **direito à justiça**.

2. Política: direito de participação no exercício do poder político, como eleito ou eleitor, no conjunto das instituições de autoridade pública.

3. Social: **conjunto de direitos relativos ao bem-estar econômico e social**, desde a segurança até ao direito de partilhar do nível de vida, segundo os padrões prevalecentes na sociedade.

Referência Bibliográfica: Projeto de Estudo - Blog "Cultura & Arte Online" @ju_godz.

Foto: Movimento Liberte Seus Sonhos

"Seu sorriso é o que preciso
E quanto ao resto, eu juro tanto faz;

Seu sorriso é que eu preciso
Pra abraçar o mundo e muito mais;

Seu sorriso é que eu preciso

Pra apagar a dor…

Da saudade!"

Móveis Coloniais de Acaju – Música: Dois Sorrisos (trecho)

Foto: Publicação do Livro

Foto: Quino

Foto: Publicação do Livro

Com licença poética, a música

a dança e a escrita

estão sempre a navegar;

Juntos afirmam uma lição;
a escrita tem a linguagem,
manifestam a intenção -

- de substituir,

Manifestam a intenção
de conseguir algo ou entender,
Compreender e ensinar.

-Para aprender.

Poema 02 - Capítulo 02 -Poesias e Releituras

A Poesia é com tudo - tal & qual uma arte -
"Kadiwéu" em listras coloridas;

A Poesia é com tudo - tal & qual uma arte -
"Kadiwéu" em formas geométricas;

A Poesia é com a intensa formalização de Arte;
formas coloridas que perpassam a escrita;

A Poesia tal & qual o E-book admite escrever;
Em formas & cores, de acordo com que se é
permitido
Escrever.

Poema 03 – Capítulo 02 – Poesias e Releituras

O sonho que sonhei ontem à noite

O sonho que não-Sonhei dia e noite

O sonho que pude ter outra noite

O sonho que queria ter tido alguma noite

O sonho que não-sonhei nem mesmo à noite

(...)

Decerto – sonhar está para a arte - assim como ter algum sonho alguma noite; torna-te a "Nuvem de Ilusão" - pensamento em forma. A "Nuvem de Ilusão" pensamento fugidio; poderia ter tido, bem como, não, poderia ter sonhado. O sonho ao qual sonhei e do sonho que sonhei me perdi em "Nuvens de Ilusão".

4) Capítulo 03 – Cinema, Arte & Poesia

O filme "Somos Tão Jovens" estreou no cinema nacional com artistas do cenário musical.

O filme retrata a juventude de **Renato Russo**, cantor e compositor da banda **Legião Urbana**, banda que revolucionou a geração do rock brasileiro da década de 80.

O filme terá como ator principal, Thiago Mendonça. Ele já fez atuações nos filmes "2 Filhos de Francisco" e "Tropa de Elite" e agora realizará o papel de Renato Russo nos cinemas

Em **Legião Urbana**, "**Somos tão Jovens**" retrata os sonhos, os amores, a juventude do ídolo do rock brasileiro. A banda fez sucessos com várias músicas como "Que país é este", "Eduardo e Mônica", "Geração Coca-Cola", "Pais e Filhos", entre outros. O cenário do filme é Brasília, na década de 80, e revela uma nítida influência **punk** como Ramones, Sex Pistols, The Smiths. O filme mostra quando Renato era estudante em Brasília, quando dava aulas de inglês e ainda buscava integrantes para a formação da banda.

Arte & Releituras

Foto: Marc Chagall

"Art must be expression of love or it is nothing." – Marc Chagall

ObraBallerinaII–Arte:JoanMiró

Rodopios caóticos formam uma espiral. qual será o destino sem-fim de um traço? Ele começa em serpente e logo vai se delineando formando círculos pontilhados que se interceptam em curvas giratórias. A ordem vai substancialmente crescendo em relação ao primeiro. De início, tem-se um círculo menor, logo ele cresce, e forma o corpo de uma lagarta vertical.

Bailarina. Ela dança. Pode-se ver seus movimentos: giros e giros. Ela se movimenta de volta em volta – plié, solte, piroutte. Giros crescentes. A lagarta vertical. Paralelamente, ela vai andando numa direção. que direção? ao **coração**.

Transcendência do amor. Que anda a par da lua. Um coração que palpita e faz interconexões interestrelares.

Poema 01 Capítulo 03 - Arte & Releituras

Tenho a chamada chuva de inverno.

Ela escorre sobre meu corpo.

Volta e meia até você.

Quando vejo já era.
A água inundou meu ser.

Cadê você aqui comigo?
Por que faz assim comigo?
Tenho tanta vontade de você.

Á noite acordo de madrugada
pra escrever um poema pra você.
é porque não sou feito de água
sou feito pra você.

Essa dádiva de chuva
me deixa a **melancolia**
por que me sinto tão esvaído?
por que não está aqui comigo?
Inerte a alma em tanta água
falta apreciar-te seu corpo
igual ao meu

Poema 02 Capítulo 03 – Arte & Releituras

Margarida has strange appeal

Sways between suitors on a broken heel

Of course her desires they often mistook

She'd rather've been scarred than be scarred with loathe

In conversations she often contends

Customes build customs that involve dead ends

She found her courage in a change of scene
This Sunday's Social would be short its queen

All her best years spent distracted
By these tired reenactments
With the right step she'll try her chances
Somewhere Else

There he is a step outside her view
Reciting the words he hoped she might pursue
Night upon night a faithful light at shore
If he only convince his legs across the floor

Please Dont Watch Me Dancing
No Dont Watch Me Dancing

Something changes when she glances
Enough to teach you what romance is
With the right step she'll find her chances
Somewhere Else

Little Joy- Música: Dont't Watch Me dancing

Foto: Movimento Liberte Seus Sonhos

Meu amor,

o seu amor é fogo de palha
vem numa chama infinita
que se esvai depois de um dia

ande, venha logo me ver
porque eu sei que é amor
essa espera interminável

me leva até você
é só querer

tenho oscilado entre a esperança e a desistência

mas no fundo sonhos são sonhos

e deles não abrimos mão assim tão fácil

será que amo?

será que esqueço?

afinal, sonhos são sonhos

e deles só quero **te desejar infinito amor**.

Poema 03- Capítulo 03 - Arte & Releituras

Foto: Movimento Liberte seus Sonhos

a mesmice não sai do lugar
se sair é pra piorar

quando vemos que é hora de mudar
é hora de tocar a vida
ver o que vai dar

a estagnação é um tédio que mata
aos poucos o fracasso engole seco

a vida que queremos ter ou
a vida que desejamos ser

de vez em vento vai o tempo
live alone and make choices

basta querer
ter sorte, porém azar

Poema 04- Capítulo 03 - Arte & Releituras

Foto: Publicação do Livro

a simplicidade é contumaz

a felicidade é inatingível

do amor só resta a dor

a solidão é derradeira

o caminho é longo

a morte é unipresente

resta a vida

a vida incessante

que não tem fim

não entende por onde anda

não conhece de nada

por que demanda?

flor sem jeito

caminho, de um peito

reza a relva de uma dor

luz sem sujeito

pra onde eu vou:

eu insisto?

Poema 05 – Capítulo 03 - Arte & Releituras

Acorda, vem ver a lua

que dorme na noite escura

que surge tão bela e branca

derramando doçura

Clara chama silente

Ardendo o meu sonhar

As asas na noite que surgem

e correm o espaço profundo

Oh, doce amada, desperta

Vem dar teu calor ao luar

Quisera saber-te minha

Na hora serena e calma

A sombra confia ao vento

O limite da espera

Quando dentro da noite

Reclama o teu amor

Acorda, vem olhar a lua

Que brilha na noite escura

Querida, és linda e meiga

Sentir meu amor e sonhar

Melodia Sentimental- Minissérie Hoje é dia de Maria

Poema de Arte & Conceito

a arte em parte

a arte em contraste

a arte para nós

a arte por nós

a arte por si só

a arte em si

a arte em mim

a arte pra ti

5)Capítulo 04 – Poesia, Cinema & Arte

Foto: Blog/Site @culturaearteonline

Nuvens de Ilusão;

Pensamento fugaz;

assim talvez - como o pensamento

da situação da **Luta Feminina**

nos dias de hoje;

A luta é constante;

Empoderar / Conquistar / Empreender

Defender / Entender / Compreender

Agir / Interagir / Produzir

- Por Que será que a **Luta Feminina** é apenas um pensamento fugidio?

Poema 01 – Capítulo 04 – Poesia, Cinema & Arte

"A maioria das coisas impossíveis, são impossíveis porque não foram tentadas."– Correio Feminino

"Poesia da Música"- Pequenas Releituras[...]

"sente o som
que vibra
no teu corpo
e inspira a criação.
segue o som
que cresce
no teu corpo
pra minha
alma quebrantada
de paixão.
segue o som
que escarra a
parte mais
vil do coração.
listening all along the good vibrations that come along.
sente o som
que pede por favor

por um instante

de compaixão.

veja, por favor.

eu quero estar um instante

ao teu lado

e ter **coragem**

para **realizar**;;;;"

Poema 02- Capítulo 04 – Poesia, Cinema & Arte

[Frase De Autor]

"Escrever é o mesmo processo do ato de sonhar: vão se formando imagens, cores, atos e sobretudo uma atmosfera de sonho que parece uma cor e não uma palavra". Clarice Lispector- Escritora Poesia – Direitos de Autoria - Citação

[Frase de Autor 02]

"Even when I detach, I care. (...) Instead I hove over it for a second. I glance off another direction. But I Always glance back to you. – "The Lovers Dictionary" – David Levithan – Frase do Autor - Direitos de Autoria – Citação.

Poema de Conchas & Mares

Foto: Google Images

entre o mar e suas ondas

avistei de longe uma sombra

eram as conchas

moluscos pequenos

símbolo da sabedoria

Vênus em Marte

sorte pra quem tem

sorte no coração

entre o mar e suas ondas

avistei de longe uma sombra

eram as conchas

aquelas pequeninas

que fazemos coleção

são graciosas

com seus rabiscos no ventre

em forma de V

uma vez salvei um

bocadinho de conchas

e dei pra uma pessoa querida

que bem fiz

ficou guardada

os símbolos do mar

Poema 03- Capítulo 04 – Poesia, Cinema & Arte

Foto:CartazCinema

Com trilha sonora de **Johnny Hooker** e o *single* "Volta" o grupo de teatro encena a peça sobre o enredo sobre a Liberdade, Amor & Tropicalismo. O filme é retratado na cidade de Recife, o Grupo teatral "Chão de Estrelas" liderado por Irandhir Barbosa luta contra a repressão militar na era de 1978. A música de Johnny Hooker *hit* enredo sob liberdade de expressão sob os direitos do cidadão à informação no quesito: liberdade para amar. Expressando o *single* ***"Volta"***, o grupo teatral "Chão de Estrelas" se reconecta com o amor marginal ou outros hits. O filme "Tatuagem" envolve o lirismo de Hilton Lacerda e os ritmos da 'Tropicália' Culturalmente efervescente.

Foto: Publicação do Livro

esse blog é de mentirinha
verdade seria tua
não mais que o escrito

a letra palavra
escrita do verso
frase atônita extenso

quando fujo, alto
penso. Cor? Inverso
do reverso – tríade, apenas.

quando penso & fico.

hight ok I surrender

-I stay!

Poema 04- Capítulo 04 – Poesia, Cinema & Arte

Foto: Publicação do Livro

egos, lutas, músicas

areia, bloqueio, flor;;

blog esquisito; não resta

não trate; ande mova esqueça!

todo dia a mesma música
todo dia uma nova música

esqueça.esqueça.**saudade**;
tenho.motivos;&iguarias;
escutar tecno-brega é bom!

esqueça. não mova. mude.
bloqueie. fique atento…..98-765

mantenha contato.

6) Conclusão

A mudança do Ebook_Livro "**bemequer.blog**" diz-se a respeito de temas relacionados ao campo da **Cultura & Arte Online**.

Por conseguinte, os livros que têm influência são os que se referem à música, compartilhamento de ideias, e intercâmbio de ideias. Escrever para a rede online é diferente do ebook impresso, pois requer uma conversação instantânea e multiculturalizada.

Dessa forma, os livros- influência revelam temas sobre educação, inclusão, mídias digitais e metas/objetivos a serem atingidos.

O "saber" comunica-se com a "integridade" do Ser. Para que seja utilizado metas & objetivos.

Assim como andar numa esquina, e relembrar os tempos de ensino médio(...) Ou se identificar com uma música que ame de paixão.

Foto: Publicação do Livro

O livro/ Ebook **Bemequer.blog** possui as variáveis no seguinte assunto: *Inclusão, Empoderamento Feminino, e Liberdade de Expressão frente aos direitos do cidadão à informação jornalística.* O direito à "manifestação pública" frente à diversidade cultural e políticas públicas. A questão do empoderamento feminino – *valorização dos direitos das mulheres.* Levando, de forma, a crer que o **Empreendedorismo e a Produção de Cultura** nos meios digitais, pode ser Colaborativo tanto para o meio social quanto do cidadão.

"Cultura & Arte Online"- Este "E-book" iniciei nos estudos de **Jornalismo** na matéria de "Novas Mídias" em Brasília nas primeiras matérias relativas ao estudo do assunto. O Site/livro foi conquistando novos posts e construindo, assim uma característica/formalização Jornalística. A ideia de realizar um E-book ou E-Commerce através deste subproduto, talvez seja a parte criativa e independente através de criação de vídeos, canções de música. O Livro possui ideias que produzem uma relação artístico-cultural que deixam o sub-produto Ebook/Livro a conexão com a ideia de 'Colaboração Online'. Produzir músicas através de arte da Plataforma Online".

Juliana Godoy
@Ju_Godz

Made in the USA
Columbia, SC
04 June 2024

36490644R00029